AF361072

ZELISCA,

COMEDIE-BALLET

DONNÉE A VERSAILLES,

Le Jeudi 3 Mars 1746.

DE L'IMPRIMERIE

DE JEAN-BAPTISTE-CHRISTOPHE BALLARD,

Doyen des Imprimeurs du Roi, seul pour la Musique.

M. DCC XLVI.

Par exprès Commandement de Sa Majesté.

ACTEURS ET ACTRICES,

Chantans dans les Chœurs.

DU CÔTÉ DU ROY;		DU CÔTÉ DE LA REINE;	
Les Demoiselles	*Les Sieurs*	*Les Demoiselles*	*Les Sieurs*
Dun,	Lefebvre,	Cartou,	De Serre,
Tulou,	Marcelet,	Monville,	Gratin,
Delorge,	Le Page-C.,	Lagrandville,	St. Martin,
Varquin,	Laubertie,	Masson,	Le Mesle,
Dallemand-C.,	Le Breton,	Rollet,	Chabou,
Larcher,	Lamarre,	Desgranges,	Levasseur,
Delastre,	Fel,	Gondré.	Belot,
Riviere.	Bourque,		Louatron,
	Houbeau,		Forestier,
	Bornet,		Therasse,
	Gallard,		Cordelet,
	Duchênet,		Rhone.
	Orban,		
	Rochette.		

LA COMEDIE ET LES PAROLES
Du Divertissement,   du Sr DELANOUE.

LA MUSIQUE   du Sr JELYOTE.

LE BALLET   du Sr LAVAL,
Compositeur des Ballets du ROI.

ZELISCA,

COMEDIE-BALLET

EN TROIS ACTES,

AVEC DES INTERMEDES.

PREMIER INTERMEDE.

UN MAGICIEN ordonnateur, Le S^r De Chaſſé.

GE'NIES des arts agréables, { Le Sr Poirier.
{ La D^{lle} Fel.

Troupe d'Enchanteurs & de Génies.

DIVERTISSEMENT.
GE'NIES DES ARTS AGRE'ABLES.

Le Sr Pitro ;

Le Sr Malter troiſiéme,   La D^{lle} Le Breton ;

Les D^{lles} St Germain, Lyonnois, Courcelles ;

Les Srs Levoir, Matignon ;

Les D^{lles} Beaufort, Petit ;

Les Srs Gherardy, De Vice ;

Les D^{lles} Rabon, Roſalie.

ZELISCA,

COMEDIE-BALLET.

❖❖❖❖❖❖❖❖❖❖❖❖❖❖❖❖❖❖❖❖❖❖❖❖❖❖❖❖❖❖❖❖❖❖❖❖❖❖❖

MAGICIEN ORDONNATEUR.

RIEN ne suspend, rien ne limite,
Les efforts d'un art enchanteur ;
L'univers en repos, la nature en fureur,
N'ont point d'effets qu'il n'imite.

AIR.

Avare de ses dons, la stérile nature,
Les disperse en des lieux divers ;
L'aimable fils de l'imposture,
L'art aux vœux des mortels tient ses trésors ouverts ;
Et dans le même espace,
Il rassemble, il surpasse,
Les beautés de tout l'univers.

ZELISCA,

CHŒUR.

Rien ne suspend, rien ne limite,
Les efforts d'un art enchanteur ;
L'univers en repos, la nature en fureur,
N'ont point d'effets qu'il n'imite.

On danse.

LE MEME MAGICIEN.

Applaudissez au choix de votre Maître,
Arts séducteurs, fils de la volupté ;
L'Amour ne vous a fait naître,
Que pour célébrer la beauté.

De vos concerts,
Frappez les airs ;
Chantez l'objet qui préside à vos fêtes,
Pour la plus belle des conquêtes,
Unissez vos talens divers.

CHŒUR.

De nos concerts,
Frappons les airs ;
Chantons l'objet qui préside à nos fêtes ;
Pour la plus belle des conquêtes,
Unissons nos talents divers.

On danse. UN GENIE.

UN GENIE.

D'un tendre amant partagez les defirs.
Trop de fierté fufpend votre victoire ;
Si la beauté fait votre gloire ,
L'amour doit faire vos plaifirs.

On danfe.

AUTRE GENIE.

C'eft dans vos yeux qu'il allume fa flâme ,
Ce Dieu dont vous n'ofez éprouver les douceurs ;
Pourquoi lui refufer l'empire de votre ame ,
Lorfqu'il vous fait regner fur tous les cœurs ?

Beautés fouveraines ,
C'eft de vos mains qu'il prend fes traits vainqueurs ;
Vous verfez en formant nos chaînes ,
Ou fes plaifirs , ou fes rigueurs.

C'eft dans vos yeux qu'il allume fa flâme ,
Ce Dieu dont vous n'ofez éprouver les douceurs ;
Pourquoi lui refufer l'empire de votre ame ,
Lorfqu'il vous fait regner fur tous les cœurs ?

On danfe.

FIN DU PREMIER INTERMEDE.

B

SECOND INTERMEDE.

UN PLAISIR, Le Sr Jelyote.
UNE NIMPHE, La D^{lle} Fel.
AUTRE NIMPHE, La D^{lle} Bourbonnois.
Troupe de Plaisirs, de Faunes, et de Driades.

DIVERTISSEMENT.

ZEPHIRS.

Les Srs Dumay, Dupré, Malter-C.,
P-Dumoulin, Javillier-L., Javillier-C.

NIMPHES.

La D^{lle} Camargo;
Les D^{lles} Carville, Rabon, Erny;
Beaufort, Courcelle, Thiery.

L'AMOUR,   Le S^r D-Dumoulin.
ZEPHIRE,   Le Sr Malter-troisiéme.
FLORE,   La D^{lle} Sallé.
UN FAUNE,   Le Sr Pitro.
UNE DRIADE, La D^{lle} Lyonnois.

SECOND INTERMEDE.

CHŒUR, CHANTE' ET DANSE'.

 *ANS ces beaux lieux*
Tous les plaisirs s'unissent,
Dans ces beaux lieux
Tous les cœurs sont heureux.

A nos chansons les Amours applaudissent :
De la gayeté
C'est l'azile enchanté.

Dans ces beaux lieux,
Tous les plaisirs s'unissent ;
Dans ces beaux lieux,
Tous les cœurs sont heureux.

B ij

ZELISCA,

Libre de soins , la raison moins austere ,
Embrasse le plaisir ;
C'est pour le mieux choisir ,
Que son flambeau nous guide & nous éclaire.

Dans ces beaux lieux ,
Tous les plaisirs s'unissent ;
Dans ces beaux lieux ,
Tous les cœurs sont heureux.

On danse.

UNE NIMPHE.

C'est dans nos jeux
Que l'Amour se couronne ;
C'est dans nos jeux
Qu'il prépare ses nœuds.

CHŒUR.

C'est dans nos jeux
Que l'Amour se couronne ;
C'est dans nos jeux
Qu'il prépare ses nœuds.

UN PLAISIR.

Il doit à nos attraits tous les cœurs qu'il moissonne :

CHŒUR.

C'eſt dans nos jeux
Que l'Amour ſe couronne ;

UNE NIMPHE.

C'eſt nous qui des Mortels lui préſentons les vœux.

CHŒUR.

C'eſt dans nos jeux
Qu'il prépare ſes nœuds.

DUO.

Ces biens qu'il vous promet , notre main vous les donne ;
Il enchaîne vos cœurs , nous les rendons heureux.

CHŒUR.

C'eſt dans nos jeux
Que l'Amour ſe couronne ;
C'eſt dans nos jeux
Qu'il prépare ſes nœuds.

DUO.

Pour vaincre une beauté dont la froideur l'étonne ,
Au flambeau des plaiſirs , il allume ſes feux.

C'eſt dans nos jeux , &c.

ZELISCA.

CHŒUR.

C'est dans nos jeux
Que l'Amour se couronne ;
C'est dans nos jeux
Qu'il prépare ses nœuds.

On danse.

UN PLAISIR.

Ici les Ris & les Jeux
Forment les chaînes les plus belles :
Il n'est point d'amants malheureux :
Il n'est point d'amantes rebelles.

Un desir ,
Un soupir
Adoucit les plus cruelles ;
Et si l'Amour a des aîles ,
C'est pour voler vers le plaisir.

Ici les Ris & les Jeux
Forment les chaînes les plus belles :
Il n'est point d'amants malheureux :
Il n'est point d'amantes rebelles.

COMEDIE-BALLET.

RE'CIT pour le Pas de cinq.

Acheve Amour, prodigue tes faveurs;
Que tout brille ici de ta gloire:
Que l'image des biens dont tu combles les cœurs,
Assure encor mieux ta victoire.

Pas de cinq.

UNE NIMPHE.

Dans ce beau jour,
Quels biens vont éclore?
Zephire & Flore
Conduisent l'Amour.

CHŒUR.

Dans ce beau jour,
Quels biens vont éclore?
Zephire & Flore
Conduisent l'Amour.

LA NIMPHE.

Pour vous ces Dieux
A l'envie s'animent:
Leurs pas vous expriment
L'ardeur de leurs feux.

ZELISCA,

CHŒUR.

Dans ce beau jour,
Quels biens vont éclore ?
Zephire & Flore
Conduisent l'Amour.

LA NIMPHE.

Les Ris, les Jeux,
L'aimable Jeunesse,
Les Amants heureux ;
Dans ces beaux lieux,
Tout vous redit sans cesse :

Que de plaisirs
L'Amour vous présente !
Beauté charmante,
Formez des desirs.

CHŒUR.

Que de plaisirs
L'Amour vous présente !
Beauté charmante,
Formez des desirs.

On danse.

UNE NIMPHE.

UNE NIMPHE.

L'amour est un badinage,
Devroit-il vous allarmer?

Il ne veut que vous charmer:
Tôt ou tard, la plus sauvage,
Sous son empire s'engage,
Devroit-il vous allarmer?

L'amour est un badinage;
S'il blesse quand on l'outrage,
Devroit-il vous allarmer?
Lui céder, c'est le désarmer.

L'amour est un badinage,
Devroit-il vous allarmer?

On danse.

CHŒUR.

Dans ces beaux lieux,
Tous les plaisirs s'unissent:
Dans ces beaux lieux,
Tous les cœurs sont heureux, &c.

FIN DU SECOND INTERMEDE.

C

TROISIE'ME INTERMEDE.

UN BERGER HEROIQUE, Le Sr Jelyote.

UNE BERGERE HEROIQUE, La D^{lle} Le Maure.

AUTRE BERGERE, La D^{lle} Fel.

Troupe de Bergers & de Bergeres Héroïques.

DIVERTISSEMENT.

BERGERS ET BERGERES HEROIQUES.

Le Sr Dupré;

Le S^r D-Dumoulin, La D^{lle} Sallé;

Les Srs Monfervin, Caillez, F-Dumoulin,
Dangeville;

Les D^{lles} Rozalie, Erny, Petit, Duchateau.

PASTRES.

La D^{lle} Camargo;

Le Sr Gherardy.

Le Sr Levoir,   la D^{lle} Lyonnois;

Le Sr Laval,   la D^{lle} Puvignée;

Les Srs Hamoche, Pelletier, Feuillade, De Vice;

Les D^{lles} St Germain, Courcelle Thiery, Beaufort.

TROISIÉME INTERMEDE.

CHŒUR DE BERGERS ET BERGERES.

CHANTONS-tous Daphnis &
Themire,
Chantons-tous Themire & Daphnis.

BERGERES.

Tous deux ont le prix
Que leur cœur desire ;
Ils sont unis,
Leurs maux sont finis.

Chantons-tous Daphnis & Themire,
Chantons-tous Themire & Daphnis.

Pour son aimable Themire,
Que Daphnis toujours soupire :
Rens Amour, à jamais constans
Les plus heureux amans
De ton Empire.

Chantons-tous, &c.

SCENE
DU BERGER ET DE LA BERGERE COURONNEZ.

DAPHNIS.

Bergers qui chantez ma victoire
Vous allez couronner la plus sincere ardeur ;
C'est mon amour qui fait ma gloire :
C'est lui qui fera mon bonheur.
Mais, de tous les amans soumis à son empire
Pouvois-je n'être pas vainqueur ?
Bergers, j'adorois Themire.

THEMIRE.

Daphnis a sçu m'enflâmer ;
C'est Daphnis que mon cœur préfere.
Dans nos hameaux, l'amant le plus digne de plaire,
Est toujours le Berger qui sait le mieux aimer.

DAPHNIS.

Deviez-vous si long-tems éprouver ma constance ?
J'ai senti tous les traits de l'Amour en courroux.

THEMIRE.

Ne me reprochez point vos tourmens, mon silence ;
J'étois plus à plaindre que vous.

DAPHNIS.

Tout prouvoit votre indifference.

THEMIRE.

Interrogez les échos de ces bois,

Ils répetent encor l'aveu de ma tendreſſe;

Sur ces ormeaux que zephire careſſe,

Mes ſermens ſont écrits cent fois;

C'eſt le nom de Daphnis que ce ruiſſeau murmure:

De tout dans la nature

Mon amour empruntoit la voix.

Vous ignoriez une flame ſi tendre,

Vous, à qui ſeul j'aurois voulu l'apprendre.

DAPHNIS.

Je ne puis vous offrir, pour prix de tant d'ardeur,

Que de ſentir tout mon bonheur.

ENSEMBLE.

Themire,
Cher Daphnis, } *je vous aime,*

Je vous aime:

Que ces mots ſont charmans,

Quand l'Amour lui-même

Les inſpire aux amans!

Themire,
Cher Daphnis, } *je vous aime,*

Uniſſons nos voix,

Répétons cent fois:

Je vous aime.

ZELISCA,

On danse.

Et l'on couronne le Berger & la Bergere.

DAPHNIS.

Vous dont l'ame attachée aux frivoles honneurs,
Croit asservir l'Amour, l'ignore, ou le méprise,
Vous n'en connoissez pas les plus cheres faveurs;
C'est sur nous seuls qu'il les épuise.

THEMIRE.

Touchez de la douceur de nos amusemens,
Un Prince, une Princesse honorent ce boccage;
Un feu mutuel les engage,
C'est le même transport qui dicta leurs sermens:
Aussi tendres que nous....

DAPHNIS.

Ils le font davantage
Si l'Amour remplit leurs momens;
Tout invite un Berger aux tendres sentimens,
Et quand il n'aime point, rien ne le dédommage.
Empressons-nous à leur rendre un hommage,
Que ce jour consacroit aux plus parfaits Amans.

Le Berger & la Bergere présentent leurs Couronnes
à ZELISCA & à ZALAIR.

DUO.

L'éclat qui vous environne
Est étranger dans ce séjour :
Nous honnorons en vous l'Amour,
Et par nos mains, il vous couronne.

LE CHŒUR répete le Duo.

UNE BERGERE.

L'Amour dans ces lieux
Couronne vos feux ;
Quelle gloire nouvelle !
Quel sort plus heureux !

Une ardeur si belle
Est pour jamais
Une image fidelle
Des Amans parfaits ;
Pour servir de modéle,
Vos cœurs sont faits.

L'Amour dans ces lieux, &c.

On danse.

UNE BERGERE.

Chantés le Bonheur de leurs feux ;
Tendres Oyseaux de ces boccages,
Redoublés vos sons amoureux ;
Chantés dans vos brillans ramages :
Thémire & Daphnis sont heureux.

On danse.

ENTRÉE DE PASTRES.
CHŒUR DE PASTRES.

Attirés sous ce feuillage
Par l'éclat de vos tendres sons ;
Avec plaisir nous unissons
Et notre danse & notre hommage,
A vos amoureuses Chansons.

On danse.

VAUDEVILLE.

I.

L'OR & l'éclat pompeux
Ici ne nous touche guere ;
Dans cet azile heureux,
On ne songe qu'à plaire.
Notre bonheur ne part
Que d'une source pure ;
Notre amour est sans fard,
Tout notre art
N'est que La nature.

II.

VOUS qui feignez d'aimer
Et ne cherchez qu'à séduire,
Croyez-vous nous charmer
Le cœur sçait nous instruire
Le serment, le regard ,
Chez vous tout est parjure
Bien-tôt on voit le fard.
Jamais L'art
Ne rend La nature.

III.

TANDIS que dans nos bois
Nous goûtons un sort paisible,
Le plus aimé des Rois
Est par tout invincible :
Sa grandeur est sans fard ;
Sa valeur toujours sûre
Asservit le hazard ,
Dompte L'Art,
Soumet La nature.

IV

LES cœurs de ses Sujets
Sont le Prix de sa clemence
Ses Glorieux succès
Le fruit de sa prudence
Du Clinquant et du fard
Il connoist l'Imposture
Il sçait d'un seul Regard
Regler l'Art
Orner la Nature .

FIN.

* 9 7 8 2 3 2 9 6 2 6 9 6 3 *